新雅
名人館

···童話巨匠···
安徒生

編著 江燕媚

新雅文化事業有限公司
www.sunya.com.hk

新雅・名人館

童話巨匠 安徒生

編　　　著：江燕媚
內文插圖：鄒越非
封面繪圖：李成宇
策　　　劃：甄艷慈
責任編輯：葉楚溶
美術設計：何宙樺
出　　　版：新雅文化事業有限公司
　　　　　　香港英皇道499號北角工業大廈18樓
　　　　　　電話：（852）2138 7998
　　　　　　傳真：（852）2597 4003
　　　　　　網址：http://www.sunya.com.hk
　　　　　　電郵：marketing@sunya.com.hk
發　　　行：香港聯合書刊物流有限公司
　　　　　　香港新界大埔汀麗路 36 號中華商務印刷大廈 3 字樓
　　　　　　電話：（852）2150 2100
　　　　　　傳真：（852）2407 3062
　　　　　　電郵：info@suplogistics.com.hk
印　　　刷：中華商務彩色印刷有限公司
　　　　　　香港新界大埔汀麗路 36 號
版　　　次：二〇一七年十月二版

ISBN: 978-962-08-6910-5

　　1805 年 4 月 2 日，在丹麥小城奧登塞的一個貧窮的鞋匠家庭裏，誕生了一位世界童話大王。他，就是安徒生。

　　現今，只要提起童話，人們便會自然的想到安徒生，想到他的《皇帝的新衣》、《海的女兒》、《賣火柴的女孩》……為什麼這些故事會給人們留下這麼深刻的印象？

　　安徒生自幼家境非常貧困。自十一歲父親去世後，為了幫補家計，他到工廠做童工。十四歲那年，他告別家鄉，隻身前往首都哥本哈根尋求夢想。在哥本哈根最初的幾年裏，他歷盡艱辛，後來在一些好心人的幫助下，他讀了中學，又通過了哥本哈根大學的入學考試，成了大學生。

　　1829 年，安徒生發表了幽默幻想作品《阿馬格島漫遊記》，不久之後，他的輕鬆喜劇《尼古拉耶夫塔上的愛情》在皇家劇院上演，一開始這些作品得到了評論界的好評。但沒多久，由於他的出身和教育背景，文壇開始對他大肆指責與非難，安徒生經過了一段艱難的創作歷程。

　　1835 年，他發表了《即興詩人》，這部長篇

自傳體小説給他帶來了莫大成功。不久後,他推出了第一部童話集《講給孩子們聽的故事》,接着他的童話故事開始源源不斷地發表。值得一提的是,每年聖誕節他都要出版一部新的童話,作為獻給孩子們的禮物。這些童話故事構思新穎,充滿童趣,同時又隱含着現實的影子,散發出一種強烈的人文主義的關懷,這也正是安徒生童話的魅力所在。

從醜小鴨到白天鵝,安徒生經歷了許多磨難與坎坷,這位十九世紀的丹麥童話作家,創造了童話般的奇跡,他的作品伴隨着全世界一代又一代的兒童成長。現在,我們翻開這本書,沿着安徒生的足跡,來看看這位童話大王傳奇的一生。

目錄

一 鞋匠之子

一八○五年四月二日，在北歐的**丹麥**一個名叫奧登塞的小城上，有一個孩子降生了，他就是著名的童話大師──漢斯·克里斯蒂·安徒生。

奧登塞位於首都**哥本哈根**和**日德蘭半島**之間的一個小島上，城市人口不多，經濟相當落後，它卻有着很古老的民族風情和悠遠的傳統風俗。島上風景秀麗，到處綠樹成蔭，每當古老教堂響起雄渾鐘聲時，這小城就更顯出了古樸的迷人風味。

安徒生的父親是個貧窮的鞋匠，他結婚時，連牀也買不起，他就將當地人認為不吉利的東西──一個貴族出殯後丟下的木架撿了回家，敲敲打打之後做成了一張牀。這張牀是他新婚時的牀，而現在他的兒子就在這張牀上出生了，等待着這個孩子的是什麼呢？

母親瑪麗亞有些憂心地望着孩

知識門

丹麥：
君主立憲國，位於北海，是一個小島國。

哥本哈根：
丹麥首都，是北歐最大的海陸空交通樞紐。

日德蘭半島：
北歐的小島，介於北海與波羅的海之間。

子，瑪麗亞比丈夫大了好幾歲，是個目不識丁，但心地善良、做事勤快的人。為了幫補家計，她靠替人家洗衣服多掙兩個錢。

小時候的安徒生特別愛哭，尖尖的嚎叫聲又響又亮，看着臉頰瘦瘦，鼻子高高，聲嘶力竭般哭叫的兒子，漢斯非常擔心兒子的健康。

「瑪麗亞，你看這孩子這麼愛哭，健康是否有問題？」

「噓！別這麼說，我們的孩子會有什麼問題呢？」瑪麗亞非常迷信，最不愛聽不吉利的話。她看着懷中的小安徒生，看着滿臉愁眉的漢斯，心裏也有點猶豫，只好安慰漢斯說：「我聽老人家說，愛哭的孩子將來長大了嗓音一定很響亮，說不定成為大歌唱家呢！」

雖然不能把瑪麗亞的話全當真，但漢斯的心總算放下少許。

一天，瑪麗亞外出洗衣服去了。漢斯剛拿起錘子正要工作，忽然傳來「哇……哇……」的哭聲，漢斯放下工具，走過去看看正在小牀上蹬手蹬腳哭泣着的兒子，希望他停下哭聲，可是小安徒生依然放聲嚎哭，不管漢斯怎麼撫他、哄他、搖晃他……全沒作用。

「孩子，你怎麼啦？」

「你需要什麼，告訴爸爸好嗎？」

「你哪裏不舒服了？抑或肚子餓了？」

安徒生可沒有理會父親，反而越哭越大聲，把父親急得團團轉。忽然漢斯瞥見書架上零落而殘舊的書，突然有了新的主意：

「孩子，爸爸真拿你沒辦法，或許我給你唸些詩歌，你會喜歡，請你靜下來聽聽好嗎？」

他從書架上取下一本書，對張着小嘴在哭的兒子朗誦起來，他一邊朗誦，一邊留意着小安徒生的反應。不一會，兒子的哭聲漸漸變小，變細，終於停了。

這時，瑪麗亞正好挽着洗好的衣服推門而進，漢斯立刻興奮地告訴妻子：

「瑪麗亞，我發現我們的寶貝兒子很喜歡唸書，將來可能是個大文學家呢！」

一身濕漉漉的瑪麗亞疑惑地望着漢斯。

「你知道嗎，他剛才哭了，我給他唸詩歌，他竟然靜下來，你説多奇妙呀！」

「這小傢伙怎麼能聽懂呢！那不過是你一廂情願罷了。」瑪麗亞知道漢斯一向喜歡文學，所以這麼説。

「不。這是真的，瑪麗亞。」漢斯緊張地再次強調。

　　瑪麗亞被漢斯緊張認真的舉動逗笑了，她相信他不會説謊，但兒子才丁點般大，實在不可能，那不過是碰巧吧。

　　二人正説話間，突然又聽到了安徒生的哭聲，漢斯向瑪麗亞做了個無奈的表情，就走回自己工作的枱邊，繼續修理鞋子，把難弄的安徒生留給瑪麗亞去哄了。

　　但自此以後，每當漢斯工作累了，或不能集中精力工作時，他就會拿起書本，坐到小安徒生牀邊，給自己和孩子朗讀起來，不管孩子明不明白，他希望孩子從小得到書籍的**薰陶**[1]。

　　日子一天天過去，漢斯發現小安徒生好像慢慢愛上了他的讀書聲，哭的次數變得越來越少，他的內心充滿了喜悦。

　　春去秋來，時間過得很快，小安徒生已經會説會走了。他的身子瘦瘦的，很纖細，性格很害羞，像個小女孩。安徒生很少玩伴，因為他們很窮，當地的有錢人把他們視為「下等人」，不讓自己的孩子接近安徒生，他們常指着他的背影對自己的孩子説：「瞧，這是個下流

---

[1] **薰陶**：因長期接觸某人、某事，而使人在生活習慣、思想行為、品行學問等方面，逐漸得到好的影響。

9

人的兒子，他爸爸只配給別人補鞋，他媽媽更不要臉，家裏窮得連飯都吃不上，她還要喝酒呢！誰見過這麼不要臉的女人！」

原來，丹麥的冬天很冷，瑪麗亞常年站在河水裏洗衣，河水凍得刺骨時，實在沒辦法，她就喝兩滴酒暖暖身，喝酒不耽誤洗衣，酒又比一餐飯便宜，可就因為這樣，這些有錢的老爺們卻罵她「下流人」、「不要臉」，不讓自己的孩子和這個女人的兒子玩。即便是其他窮人家的孩子，也因為安徒生長得太過瘦小，時常被他們欺負，所以漢斯不放心讓他單獨出去。

看着孤獨的孩子，漢斯心裏難過極了，他決定花更多的時間來陪伴安徒生。

漢斯雖然是個鞋匠，但他喜歡文學，一直有自己的理想。只是從小家裏窮，沒錢上學罷了。有一次，有一個學生跑來補鞋，向他誇耀了自己的學習和學校生活。等到學生走後，漢斯竟然在默默地哭泣。他是多麼渴望進學校呀！現在有了這個孩子，他就把希望寄託在他身上了，他給安徒生講各種各樣的童話故事、寓言故事和神話，還會跟他一起玩遊戲，有時帶他到樹林公園去散步……

所以，小安徒生特別喜歡爸爸，也跟爸爸最親近。

而他最喜歡的，就是每晚聽爸爸講故事，如果爸爸沒有給他講故事，他會嘟着嘴，老半天不肯去睡覺。

「孩子，今天想聽哪個故事呢？」不憂鬱、不想心事的父親説起話來特別溫柔和藹。

「爸爸，你昨天講的故事還沒講完呢！」

「那你記得昨天講到哪裏了嗎？」

「記得！記得！」小安徒生急忙搶着回答，生怕父親不給他講下去。

看着安徒生那熱切期待的眼神，漢斯心裏有了安慰：「這孩子如果能受好的教育，將來必有一番事業呢。」漢斯的臉上滿是喜悦，開始講起故事：

「……話説那陸上的年輕國王，自從來到海底見過那裏的公主後，一直被公主的美麗和溫柔深深吸引，於是國王懇請他的舅父去代他説媒。美麗公主的父王是個非常傲慢自大的人，他不但不答應國舅的請求，還當場羞辱了他。國舅很生氣，一怒之下回到自己的王國，召集了兵馬將士，要去捉拿那傲慢的國王。國王的王宮很快就被攻破了，國王也被**生擒**[①]了。公主在混亂的逃亡人潮裏，逃出了水面，飄流到了一個小島上。那年輕的國

[①] **生擒**：活捉。

王也跟在混亂的人潮中返回陸地，卻碰巧遇到了公主。

「當公主認出年輕國王時，不但沒有敵意，也沒有以前的傲氣，反而笑盈盈地向國王點點頭。公主的親善態度令國王大喜，於是毫無戒心地大步跨到公主面前，正要向公主表白時，哪知公主口中唸唸有詞，雙眼瞪着國王，一隻手在空中揮舞了幾下，說時遲，那時快，國王立刻變成了一隻全身長着白毛的大鳥。」

「爸爸，公主為什麼要那麼殘忍的把國王變成一隻鳥？」

「因為公主很愛她的父王，凡是父王不喜歡的，她不會做，何況他們還捉了她父王。」

「那國王變成一隻鳥後，還可以變回人嗎？」

「你說呢？好了，今天就講到這裏吧。」漢斯故意反問孩子，不給他答案。

「爸爸，再講多一點點吧！」安徒生非常擔心年輕國王的命運。

「爸爸累了，你也要睡覺了。」漢斯沒理會兒子的要求，低頭吻了吻孩子，便站起來走了。

安徒生的腦海裏全是公主和年輕國王，以及那隻全身長着白毛的大鳥。

「大鳥變回人形了嗎？公主後來見到自己的父王

了嗎？」那天晚上，安徒生進入夢鄉後，他的夢裏一會兒出現一位美麗的公主，一會兒又出現一隻飛翔的大鳥⋯⋯

在這些故事的薰陶下，安徒生自小就充滿幻想，他也深深地愛上了這些美麗的故事。

想一想

1. 安徒生生活在一個怎樣的家庭裏？他爸爸是個怎樣的人？

2. 安徒生從小就聽着故事長大，這對他以後有什麼影響？

二 迷上戲劇

轉眼到了一八一一年，這年安徒生剛好六歲，雖然安徒生已到了上學年齡，但漢斯每天在家裏為人修補鞋子的收入很微薄，實在負擔不起孩子的學費。漢斯看着每天在家裏拿着殘舊的玩具、自個兒玩的兒子，覺得不妥當，心裏也很難過。

怎麼辦好呢？思索了好幾天後，漢斯決定自己教安徒生認字，他找來一本字數很少的小書，決定每天教他一部分簡單的生字。

安徒生對學習生字興致勃勃，只要爸爸教過他認一兩遍的生字，他在心裏默唸幾遍以後很快就牢記下來，到第二天爸爸要考他讀音時，他已經能順利唸出來。

「安徒生，你學習的進度不錯哦，恐怕很快爸爸就不懂教你什麼了。」漢斯常這樣誇獎自己的兒子。

「真的嗎？爸爸，是不是不久後我就可以像你一樣能自己看書了？」

「是啊，很快，爸爸要聽你講故事了。」

一想到自己將會看懂那書上的文字，安徒生高興地

拍着雙手，在屋裏轉了好幾圈。

奧登塞新近建成了一座小型劇院，並特別從首都哥本哈根請來一個劇團。對這個小城而言，這可是件熱鬧的大喜事。

漢斯一早就聽聞了，對戲劇充滿興趣的他，心裏盤算着什麼時候去看一場，雖然票價很貴，也許往後的日子一家三口要少吃一兩餐飯，不過這也很值得！

「安徒生，你猜猜爸爸今年送什麼生日禮物給你？」剛好安徒生的生日也快來臨了。

「一本書？」安徒生高叫道。

「不對！」爸爸笑瞇瞇地看着兒子搖搖頭說。

「嗯……」往年的生日，安徒生只收過爸媽送的又小又舊的玩具，爸爸會送什麼禮物呢？安徒生緊皺着小眉頭想啊想，卻怎麼也想不出，便瞪着眼睛望着爸爸搖搖頭。

「爸爸，我猜不到，你告訴我吧！」

「這份禮物你一定會喜歡的！」漢斯神秘地說，然後笑望着安徒生，再看看坐在椅上織毛衣的瑪麗亞，隨即從褲袋裏掏出幾張花花綠綠的票，在安徒生眼前晃動起來。

「孩子，我會帶你到新劇院看戲！」

　　安徒生瞪大了眼睛，彷彿不相信漢斯所説的話，並立刻跳起來去拿爸爸手中的戲票。

　　「啊！戲票，真的是戲票！爸爸，我太高興了！」

　　爸爸也笑了，抱着安徒生旋轉起來。

　　一家三口焦急地等待着這一天的來臨。安徒生更是每天都追問着爸爸：「爸爸，我們什麼時候去看戲啊？」

　　這隆重的一天終於盼來了。媽媽為安徒生穿上一件縫製好的新衣，自己也穿上壓在衣櫃底、只有在領**聖餐**時才穿的碎花衣服，漢斯也穿了件擋風大衣，一家三口出發了。

　　奧登塞這個劇院跟首都哥本哈根的大劇院當然不能相比，但在小安徒生眼中，它是多麼美麗、宏偉的建築呀！

知識門

聖餐：

基督教的一種宗教儀式。該教規定在舉行「聖餐」時，信徒分食少量的餅和酒，作為紀念耶穌救贖的儀式。個別宗派（如公誼會）也有不舉行聖餐儀式的。

　　舞台上華麗的布景，演員身上奇特鮮豔的戲服，演員們精湛的表演和扣人心弦的劇情，對安徒生來説都是從未有過的新鮮，雖然這時他還看不懂戲，但這仍深深吸引着他，他聚精會神地看完了整個劇目。幕落了，人們已紛紛離人，可安徒生還呆呆地坐在那裏

盯着舞台。

「好了，孩子，戲演完了，我們回家啦。」媽媽牽起安徒生的小手，拉他往外走。安徒生戀戀不捨地邊走邊回頭看着漸漸遠去的舞台燈光。

回家路上，安徒生問：

「爸爸，我很喜歡看戲，你以後能常常帶我來看嗎？」

漢斯不忍心看那雙渴望的眼睛，因為他的答案會令他失望。

「如果老實對他說，爸爸沒錢滿足他這個請求，會是多麼殘酷呀！」漢斯的臉上閃過痛苦的表情。

「孩子，你真的喜歡看戲嗎？」

「真的，我將來長大了也要去演戲！」

「好，孩子，你真有志氣。那麼爸爸再努力去掙些錢，就可以常常帶你去劇院了。」漢斯說完，輕輕地歎了一口氣，他感到有點慚愧。

父親的承諾一直沒再兌現，而敏感心細的安徒生彷彿明白大人的心事，也沒有再向父親提起，可他心裏卻無時無刻不在記掛着。

一天，他終於忍耐不住向父親打聽劇院的情況。

「爸爸，劇院裏還在上演節目嗎？」

「那當然，要到一個**戲季**①才會結束，還有好些日子呢。」漢斯一面錘錘子，一面回答道。

「那麼一個戲季裏是上演一個戲目，還是上演多個戲目呢？」

這奇怪的問題令漢斯抬頭看了兒子一眼。

「我想，它應該是經常變換戲目吧。」

聽到父親說完這句話，安徒生走到一邊想自己的心事去了。他知道家裏窮，再次上劇院看戲的機會不大，可是他又是多麼的想看戲啊！有沒有什麼好辦法來解決呢？有了，他忽然想到了一個主意：劇院門前不是有人在派節目簡介單張嗎？去要一張來看看，這不就等如看過一場戲了嗎？

一天黃昏，安徒生悄悄溜出了家門，跑到劇院去向派節目簡介的人要了一份戲目單張。

拿到新節目單張後，安徒生以後的每一天可「忙碌」了。他把手上的節目單張看了又看，遇到不認識的字就去問爸爸，或乾脆請爸爸唸給他聽。這樣，他很快就熟悉了劇情內容，以及演員所扮演的每一個角色。之後，他會按着劇情需要，把家裏當作戲場，搬東弄西，

---

① **戲季**：指一個表演時段。

把媽媽打理得整整齊齊的家，弄得東一處西一塊。

「嗯，這張椅子放在左面會更好！」

「這些舊玩具就當作士兵吧！」

然後，他爬上桌子取下花瓶上的新鮮小花，放到「演員」手上。

洗衣回來的瑪麗亞推門看見眼前零亂的一片，被嚇了一跳，望見舉動古古怪怪的安徒生，大惑不解：「孩子，你在做什麼？」

「媽媽，難道你不知道嗎？我在演戲。」

「演戲？」瑪麗亞非常驚訝地盯着兒子。

「是的，媽媽，你沒看見嗎？」安徒生指指到處擺放的臨時布景，一本正經地說，「你看，這是士兵，這是戰場，這是……」

安徒生把劇目演得滾瓜爛熟後，便開始對布景或一些情節加插自己構思的內容。

「爸爸，如果這場戲換成春天景，要比冬天好。」安徒生自信的語氣使漢斯認真地正視着眼前的兒子。

「嗯，是嗎？讓我看看。」漢斯說着思索了片刻便說：「孩子，你的提議很好，很有創意，難得你這個年齡會有這種主意。不錯，你很聰明。」

安徒生最喜歡聽到爸爸的讚賞，他笑了。

21

　　一天，漢斯工作累了，放下了錘子，突然他想起兒子喜愛戲劇，就決定為安徒生做幾個**木偶**[①]。

　　「孩子，爸爸給你做幾個木偶來演戲，好嗎？」

　　「太好了！」

　　「那你去跟媽媽要些木頭和不要的碎布，我們一起來做木偶。」

　　安徒生很快就給漢斯搬來幾塊木頭，漢斯拿起工具就做起來。木偶很快做好了。

　　「孩子，你請媽媽教你裁剪，給這些木偶穿上衣服吧。」

　　安徒生很認真地學着媽媽的樣子，一針一線地縫起小戲服來。安徒生很快就掌握了這針線法，雖然縫出來的衣袖一邊長一邊短的，但在瑪麗亞眼中，孩子的手藝已經很好了。

　　為木偶穿上衣服後，漢斯和安徒生就合演起木偶戲來。這以後，安徒生要「忙」的事就更多了。當爸爸忙碌的時候，或他自己心情憂鬱的時候，他就一個人演起**獨角戲**[②]，一人分飾幾個角色。起初是演熟悉的故事，

[①] **木偶**：木頭做的人像。

[②] **獨角戲**：只有一個角色的戲，比喻一個人做一般不是一個人做的工作。

後來便自己想劇情、設計布景、構思對白⋯⋯家裏就是他的舞台、戲院。他完全投入在戲劇的世界裏，樂此不彼。

想一想

1. 你覺得安徒生爸爸對兒子有什麼影響？
2. 從什麼地方可看出安徒生對戲劇的熱愛？

三 小安徒生上學了

「噗，噗，噗！」一大羣**鸛鳥**從樹梢上拍翼飛向天空，牠們要到南方去過冬天。

經過一夜飄雪，奧登塞的大街小道上鋪上了一層雪白的衣裳。寒冷的冬天又到了。

一天清晨，小安徒生被媽媽牽着手送到一間專為窮人而設的學校。

「學校會是怎麼樣的呢？在學校我可以學到很多東西嗎？我可以看很多很多書嗎？老師會是怎樣的一個人呢？他會像媽媽爸爸一樣嗎？」想到這裏，安徒生望了望媽媽，離開熟悉的家，離開爸媽的身邊，他心裏有些怯怯的。

> **知識門**
>
> **鸛鳥：**
> 鸛科的通稱，形似鶴亦似鷺，嘴長而直，翼長而尾圓，飛翔輕快，夜宿高樹。
>
> **拉丁文：**
> 屬印歐語系的羅馬語族。中世紀西歐各國曾以拉丁語為教、文化、科學研究共同的書面語，現在只有羅馬天主教作宗教語言。

學校狹小而簡陋，全校只有一名女教師。

當他看見穿一身黑衣，樣子兇兇的，一手執課本，一手執藤條的老婦人走進課室時，安徒生的心顫抖了。

「今天先教大家**拉丁文**的拼音，大家跟着我唸。」

老婦人硬梆梆地說。她唸一遍後，當學生們跟着唸時，老婦人銳利的眼睛就迅速地掃視着課室，一旦她發現哪個學生不跟着音節一個一個地拼讀，立刻就會揮舞手中的藤條，學生們全部嚇得乖乖又毫無生氣地一聲跟着一聲拼讀。

「學這些拼音多**悶人**①呀！一點也沒趣。」小安徒生心裏在**嘀咕**②着。一天，又上拼音文法課了。安徒生實在不喜歡這毫無生氣的東西，上課時無法集中精神跟着同學們一起唸，他雙手托着小腮幫，望着講台上的老婦人發呆……

「呀，這老太婆像個什麼呢？」他凝望着全身黑衣服的老婦人。

「啊，有了，她就像一條戴上童軍帽的**鱈魚**。」想到這，他心裏樂了，在暗暗偷笑，精神恍惚起來。此時，老婦人注意安徒生已經很久了，她怒氣沖沖地走近安徒生身邊，舉起藤條飛快地向下揮動。

知識門

鱈魚：
亦稱「大頭魚」。灰褐色，口大，下頜較短，魚鱗很少，為冷水性魚類，喜在水底活動。分布在太平洋西北部一帶。

---

① **悶人**：使人煩悶、不痛快。
② **嘀咕**：低聲說話。

「啊！」正進入迷糊狀態的安徒生被突如其來的藤條鞭打得大叫一聲，整個人猛地跳起來。教室內響起了同學們的暴笑聲，敏感的安徒生，感到從未有過的尷尬和羞辱，他看見老婦人那惡狠狠的眼神，同學們的訕笑，心裏一委屈，眼淚就湧了出來。他二話沒説，拿起自己的課本，低着頭衝出課室，飛奔回家。

回到家，媽媽正好洗衣回來，他撲向媽媽濕漉漉的懷中，「嗚……嗚……」傷心地哭起來。

「孩子，你怎麼啦？誰欺負你了？」瑪麗亞看見安徒生傷心的樣子，心裏又急又心疼，輕輕地撫着他的頭。當她聽完事情的始末後，她説：「孩子，我們不去那所學校了。」

聽到不用再上老婦人的課，啜泣着的安徒生才鬆了一口氣，很快就不哭了。

不久，媽媽送他到城區學校的卡爾老師那裏。卡爾老師是個正直的年輕人，他對孩子和藹可親。

卡爾老師很喜歡安徒生的聰明好問。課間小息時，他總愛帶着安徒生在小小的校園裏散步，而安徒生總會有許多問題問卡爾老師的。

「老師，我聽爸爸説，我們的鸛鳥每逢冬天就要往南飛走，會飛到很遠很遠的**埃及**去，埃及是個什麼地方

呢？」

卡爾老師沒想到小小年紀的安徒生會提出這個問題，埃及離丹麥實在太遠了。關於埃及，他知道的也只有很少很少，「該怎麼回答他呢？」卡爾老師心裏**琢磨**[①]着。

「埃及是個有着悠久歷史的文明古國，那裏有個金字塔，聽說即使到了現在，建築師也無法解釋當時的金字塔是如何建成的。」

「那是否代表金字塔的建築很特別？」安徒生好奇地問。

「嗯，也可以這樣說吧。因為用來砌成金字塔的石塊，每件都有好幾噸重，按當時的科技情況，那些石塊是怎麼一塊一塊地給搬上去的，科學家們到現在還無法解釋，只是非常讚歎古埃及人的聰明才智。」

卡爾老師邊說，邊用紙筆繪了張金字塔的草圖。

安徒生半明半懂地聽着，覺得卡爾老師很有學問，是他最喜歡的朋友。

[①] 琢磨：思索、研究。

安徒生天生沉默，不愛説話，又很害羞，班裏的男同學特別愛取笑他，這令他非常不開心。他跟班裏唯一的女同學莎拉要算是最投契的了。在他眼中，莎拉聰明、懂事，是個勤奮的學生。安徒生更把她假想成一位公主。

一天放學，安徒生跟莎拉結伴回家。路上，安徒生興致勃勃地問她：

「莎拉，你喜歡**詩歌**嗎？」

「不，我才不喜歡它，詩歌有什麼用呢！」莎拉率直地表示了自己的意見。

「詩歌怎麼會沒有用呢？」安徒生聽莎拉説詩歌沒用，就有點不高興了。

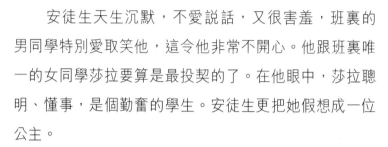

知識門

詩歌：
西歐的詩歌，是由古希臘的荷馬詩開始，有史詩、頌詩、諷刺詩等。

莎拉沒理會安徒生的感受，繼續爭辯説：

「讀書是為了有用。就拿算數來説，它比詩歌有用多了，假如學好它，將來有一天我就可以替人家管賬，做有錢人家的管家。」

「計數的工作多無聊呀？」安徒生大叫起來，很不認同莎拉。

「像我這種窮人家的孩子，可以奢望什麼呢？」莎

拉説。

「人怎麼不可以有夢想呢？我告訴你，將來長大後，我要擁有一幢好大的**城堡**^①，裏面有花園，花園裏種上各種好美的植物花草，到時我可以駕着馬車來接你到城堡去玩！」

「你簡直異想天開！什麼城堡？你不過是窮鞋匠的兒子，沒有尊貴的身分怎配有城堡！」莎拉瞪着圓眼，嘲笑安徒生，轉身走開了。

第二天，當安徒生剛踏進課室，就被一個高個子同學揪住衣領，諷刺道：「喂，害羞的小女孩，你的城堡呢？」然後他向周圍的同學高喊起來：「大家快去安徒生的城堡作客吧！」説完，他向安徒生做了個鬼臉，引來同學們的捧腹大笑。

「好明顯，他和他爺爺一樣，都是瘋子。」原先在安徒生心目中如公主般的莎拉，此時在一旁竟如此説。原本就敏感的安徒生受到了沉重打擊，整個人僵在那裏，又生氣又害怕，説不出半句話來。

安徒生的爺爺是有精神病的。他依稀記得幾年前，爺爺穿着古怪的衣服在大街上亂逛亂撞，爺爺那瘦骨嶙

---

^① **城堡**：堡壘式的小城。

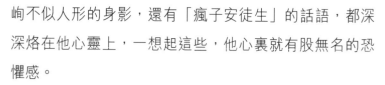

峋不似人形的身影，還有「瘋子安徒生」的話語，都深深烙在他心靈上，一想起這些，他心裏就有股無名的恐懼感。

安徒生很傷心。不過，這一次他沒有因此而不上學，他把全部精神都放到學習上，更加專心致志地聽卡爾老師的講課。

可是很不幸，不久後，學校因為經費問題停辦了。卡爾老師為了生活，只好轉到鎮上郵局去工作了。

當漢斯聽到兒子要停學這個消息後，深深歎了一口氣，憂鬱地說：「孩子，難道你跟你爸爸一樣這麼不走運嗎？眼看你已上了學習的軌道啊！」

剛熱愛上學，又不得不被迫停學，這對安徒生來說是一件很不幸的事。因為他喜歡上卡爾老師的課，愛跟卡爾老師談話。

奧登塞的冬天非常寒冷，輟學後的安徒生，天天被困在家中，日子過得真悶啊！他想跟爸爸演木偶戲，可是憂慮於生計的爸爸哪裏還有心情玩啊！他一整天都愁眉苦臉，沉默不語。原來，家裏的日子已經越來越難捱了，伙食越來越差，房租也要付不起了。

十九世紀初的丹麥，一直都周旋在兩個交戰的大國——英國和法國之間。**拿破崙**發起歐洲戰爭後，丹麥

成為了法國的同盟國，派兵參與了這場對抗英俄的戰爭。戰爭越打越激烈，政府耗資了很多財力，而這些錢都要分攤在丹麥的人民身上。人民的生活越來越苦。漢斯常常沒事幹，全家只靠瑪麗亞洗衣掙來的一點錢過日子。

漢斯在沉默了幾天之後，終於作出了一個決定——當兵，而且還是代人當兵，他想用當兵的錢來貼補家用，同時他還幻想說不定可以在軍隊裏當上軍官，這樣便可以改變自己的命運，全家也可以過上好日子了。

父親走後，安徒生更寂寞了，母親忙着洗衣，他常常一個人呆在屋子裏。有一次母親洗衣回來，看見孤獨的安徒生一人靜靜地坐着，不知想什麼，母親辛酸地抱着安徒生哭了起來：「孩子，你就像一個孤兒啊！」

知識門

拿破崙：

1769-1821年，法蘭西第一帝國皇帝。軍事家，政治家。於1804年建立法蘭西第一帝國，強化中央集權，頒布《民法典》，鞏固資產階級革命成果。對外不斷戰爭，多次打敗反法聯軍。1814年反法聯軍攻陷巴黎，他被放逐於厄爾巴島。

想一想

1. 你怎麼看待安徒生作為一個窮孩子卻想擁有城堡這樣的想法？

2. 安徒生的爸爸為何要去當兵？

四 童工生活

冬天去了又來，來了又去。

兩年過去了，漢斯回來了。他並沒有當上軍官，相反軍旅生活把他的身體徹底毀了。他的臉色**灰敗**^①，目光呆滯，並且完全喪失了工作能力，連補鞋的錘子也舉不起了。瑪麗亞只好更勤力地工作，整天沒有不停地站在冰冷的河水中洗衣服，將賺得的一點點錢全部用在給漢斯買藥上了。然而，可憐的漢斯還是死了。那一年，安徒生才十一歲。

父親死了，家裏的日子更難過了。母親拚命地洗衣，用來償還漢斯生病時所欠下的債務。安徒生只好每天一個人呆在家中獨自幻想。

「天空中飛翔的小鳥或許真的是被施了咒語的王子呢！」

「從前有一個武士，他有一個神奇的武士斗篷……」

---

① **灰敗**：形容慘淡。

有一天安徒生又在幻想，他的朋友瓊妮來看望他，得意地向他炫耀説自己打掃清潔的主人家有許多藏書。於是安徒生在她的帶領下，來到了那戶人家，在那裏，安徒生第一次接觸到**莎士比亞**的作品，他認識了莎士比亞劇中的人物：**哈姆萊特、李爾王**……莎士比亞向他展示了一個偉大的天地，深深地震撼了他的心靈。

讀了許多莎士比亞的劇本之後，安徒生迫切地想嘗試自己寫戲劇。他長久地沉浸在自己編戲的激情中，有時整天伏在桌上埋頭寫作，有時在房裏走來走去唸唸有詞，有時乾脆坐着，一聲不響。這一切使母親瑪麗亞很擔憂，這個孩子怎麼與別的孩子有那麼大的不同，她為安徒生的健康和將來非常操心。孩子一天天長大了，整天呆在屋裏不聲不響，這怎麼辦呢？是不是該讓他出去見見世面呢？可是孩子還未成人，他又天生敏感，

知識門

莎士比亞：

1564-1616年，生於英國，是一代偉大的戲劇作家，一生寫下逾三十多個著名的劇本。至今仍為讀者所喜愛。

哈姆萊特：

是莎士比亞一個悲劇中的人物。劇本寫丹麥王子哈姆萊特對謀殺其父、騙取其母並篡奪王位的叔父進行復仇的故事。

李爾王：

是莎士比亞一個悲劇中的人物。故事圍繞在八十多歲不列顛國王李爾身上，老國王想在自己死前在三個女兒中找到繼承人，兩個大女兒花言巧語騙得國王信任，把小女兒的真心孝順視而不見，結果帶來悲慘的命運。

34

不好言語，這可怎麼辦好呢？

「送他去工廠吧！哎，他還太小了。」

「可是，他整天坐在屋內不是發呆就是自言自語，不會悶出病來嗎？」

「他説他喜歡演戲，可是演戲是養不活自己的，還是學一門手藝好。」

瑪麗亞在經過反覆的思考後，有一天對安徒生説：「孩子，媽媽打算送你到**紡織廠**去當學徒。」

「什麼？媽媽，你説什麼？」

「你整天沒事幹，我不放心，還是去學一門手藝吧！」

「媽媽，我不要去什麼紡織廠當學徒，我只愛戲劇，只愛寫東西！」

可是，這一回不管兒子怎麼反對，瑪麗亞已打定了主意，她不想讓人瞧不起自己的兒子，她要為孩子今後的生計着想。

第二天，安徒生被送到了紡織廠。一進工廠，那嗆[①]人的空氣、昏昏暗暗的環境、「轟隆轟隆」震耳欲聾的

[①] **嗆**：煙氣或味道刺激鼻腔，使人感覺不舒服。

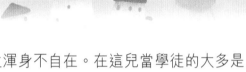

機器聲，令安徒生渾身不自在。在這兒當學徒的大多是些窮人家的孩子，還有正在服牢役的囚犯。因此，粗言穢語滿場飛，這一切都令安徒生極不習慣。

起初，膽小瘦弱的安徒生很不適應這種惡劣的環境。「有什麼辦法呢，媽媽獨力養我太辛苦了，我也不小了，該幫輕媽媽了。」工作了一些日子後，安徒生好像想通了，能夠體諒媽媽的安排，也開始懂得調劑沉悶的工作。

一天午後，他工作得太疲累，便輕輕哼起歌來，沒想到這鶯鳥般的清亮歌聲吸引了在旁邊工作的同伴，為了聆聽這美妙的歌聲，「轟隆轟隆」的機械聲慢慢停了下來。

「再來一首！再來一首！」當安徒生哼完一首歌後，有好幾個人在拍掌，一向喜愛表演的安徒生被讚美聲所鼓舞，沒多想又唱起另一首歌來。唱完歌，他的興致正濃，便把記在腦中的劇本講給同伴們聽，同時忘形地手舞足蹈配合着。

突然，有幾個流氓般的小工頭向安徒生走來。

「怎麼？你以為自己是個大歌星呀，看你的嗓子像小女孩，難聽死了。」其中一人**挑釁**①着說，其他人跟着

---

① **挑釁**：故意惹起爭端。

起哄。

「你看他，一點也不像男孩，簡直就像小女孩！」

這些話使安徒生受到了侮辱，淚水立刻湧滿了雙眼，也不顧自己正在工作，撥開糾纏在身邊的那些粗魯的同伴拔腿就跑，後面傳來了一陣訕笑。

回到家，安徒生又氣又傷心，把事情始末告訴了瑪麗亞。

「孩子，既然那裏不適合你，明天就不要去了，我再找好一點的地方安排你。」媽媽沒有責備安徒生，還贊成他立刻辭去紡織廠的工作。

不久後，安徒生又轉到一間**煙草廠**去當學徒。這裏的環境比紡織廠好多了，周圍的人也比較友善。他在這裏工作感覺輕鬆不少。

可是，煙草廠重複的工作很單調、沉悶，而且煙味強烈，刺激人的嗅覺。當熟習了工序後，天生愛唱歌表演的安徒生，又常常在歇息時哼起歌來，或者為同伴們表演他自己編的故事。

在煙草廠工作了一些日子之後，每到晚上睡覺時，安徒生就開始咳

知識門

煙草廠：
製煙工廠。煙草屬茄科，一年生草本。莖直立，棱形。中國栽培的有普通煙草與黃花煙草等。按葉的用途及調製方法可分烤煙、曬煙、晾煙、香料煙等類。

嗽，咳嗽的次數不斷增加，而且越來越厲害，這令瑪麗亞非常擔心。

不久，安徒生便辭掉了煙草廠的工作，轉到一間油漆廠去當學徒。在這裏，他認識了一開叫瑪蓮的女孩了，二人説話很投緣。熟絡後，安徒生便忍不住向瑪蓮展示自己的夢想。

「瑪蓮，你相信我有一天能成為一個演員嗎？或者我能寫出很多很多的劇本，我寫的劇本能夠被人們搬上舞台，你相信我能做到這些嗎？」正説得高興，安徒生沒注意到一向看他不順眼的朱利安正站在他背後。

「打這個愛出風頭的傢伙。」朱利安向身旁的夥伴們大叫，更在地上撿起東西就向安徒生擲去，他的幾個同伴也跟着向安徒生擲石塊。安徒生被打得左閃右避，在廠裏不停地奔跑來躲避這班傢伙。

「不要讓他跑了，今天要好好教訓他，這傢伙不知天高地厚，還想當演員，也不看看自己是什麼身分！」

黃昏時，安徒生帶着臉上幾處擦傷的痕跡以及紅腫的眼角回到家裏，瑪麗亞在問明事情的始末後，歎了一口氣，想了想説：「我看還是進慈善學校最適合你，相信那兒的老師會照顧你的。」

對於媽媽這次的安排，安徒生感到很滿意，他深情

地望着瑪麗亞，説：「媽媽，謝謝你！」

安徒生又重新上學了。教導他的是一位挪威人維尼。維尼雖然只教聖經，但講起課來，卻非常生動，令安徒生對聖經產生了濃厚的學習興趣，只要老師講過的他全牢牢記在腦海裏。

由於只上聖經課，其餘的時間安徒生便用來閱讀、演戲和幻想，安徒生的笑容又變得燦爛了。

想一想

1. 瑪麗亞為何要送安徒生去當學徒？
2. 為什麼那些同伴要這樣惡劣地對待安徒生？

五　獨闖哥本哈根

好景不長，瑪麗亞因為長年站在水中洗衣服，她得了**風濕病**，她的身體被勞苦的生活折磨壞了，要獨自靠自己來維持她和安徒生的生活，看來是不行了，她得找個人幫忙，於是她改嫁了。這對安徒生來説是個壞消息。繼父是個比媽媽年輕的鞋匠，而且好像不怎麼喜歡她這個兒子。

風濕病：
中醫學病名。患風濕病者會有頭痛、發熱、惡風、身重、小便不利、骨節酸痛、不能屈伸等症狀。

在這段時間裏，安徒生認識了一位在戲劇院門前派節目表的朋友凱爾。藉着凱爾的幫忙，他得以偷偷地溜進劇院後台，看免費的戲劇。

這些戲劇是多麼的吸引人啊！看，那些演員的服飾多麼美麗，他們的言話是多麼生動，劇情多麼緊湊。啊，如果自己也能在舞台上表演一下，哪怕就説一句話，啊！不，不，甚至只在上面站一會兒連一句話都不説也是好的啊！安徒生每次看完戲劇獨自走在回家的路上都會這麼想。

安徒生已經十四歲了，他模模糊糊在考慮自己以後的道路。按照基督教的教義，十四歲要舉行堅信禮，鞏固他對宗教的信心，在堅信禮後，他就進入成年人的階段。

在堅信禮受洗之前，受洗的人事前要先去報名登記。當時有個不成文的規定，有錢人家的孩子和窮人家的孩子是分開受洗的。大牧師為富有的孩子主持受洗儀式，至於窮人的孩子則由牧師助手負責。

那天，安徒生到教堂裏去報名登記，不知出於一種怎樣的**下意識**，他在有錢人家的那一列填上自己的名字，指定由大牧師為他主持受洗禮。當大牧師知道後，心中很生氣，卻礙於「人人平等」，口裏沒敢說半句。

平常看似膽小怯懦的安徒生卻做出了這舉動，也許他是要藉此來反抗這個不平等的社會，為什麼父母親辛苦一生，不停地勞動卻吃不飽也穿不暖？為什麼有錢的貴族什麼事也不做卻衣食無憂？他想把這些表演出來，將自己對生活的感受和想法在舞台上表演給人們看！啊，對了，演戲！我要演戲！堅信禮過後，安徒生堅定了這個想法。

知識門

下意識：
也稱為「潛意識」。心理學上指發生在意識與無意識之間的心理過程，這是一種本能、不自覺的反應，能支配人的一切思想、行為。

「可是去哪裏演戲呢？奧登塞這個小鎮連一個像樣的劇團也沒有。去哥本哈根，那裏有皇家劇院，我要登上那裏的舞台。」安徒生這麼想。

打定主意之後，一天，安徒生便對媽媽説：「媽媽，我想去哥本哈根。」

「啊，哥本哈根？你瘋了嗎？要知道我們全家人也沒有誰去過那麼遠的地方呀！」

「媽媽，你讓我去吧，我要去哥本哈根的大劇院演戲。」

「演戲？演戲怎麼能養活自己？孩子，那些演員受**班主**①刻薄，到老了不能表演了，就會挨餓啦，你還是去學門手藝吧！」

「媽媽，我又不是到跑江湖的戲班裏去，那些和皇家劇院的演員是兩碼事，再説我喜歡演戲，我不學手藝，你讓我去吧。」

「不行，你還是去學一門手藝，就去學裁縫吧。」媽媽一口回絕。

可是，安徒生是個下了決心就不回頭的人，他想媽媽也許過兩天就會答應的。他在悄悄地做着去哥本哈根

---

① **班主**：舊時戲班的領班人。

的準備。他很渴望去哥本哈根，想着要是有人為他寫推薦信就好了，於是他鼓足勇氣找到了鎮上的一位紳士，在他的請求下，這位紳士提筆給他寫了一封給全國有名的舞蹈演員沙爾夫人的介紹信。

拿到了信，安徒生又去纏着瑪麗亞。

這一回瑪麗亞無奈地答應了。其實這些天她也一直在考慮，她發現孩子非常倔強，對於自己想做的事決不輕易放棄；她甚至想，孩子在人生地不熟的地方碰了壁就會回來的。於是，她不再阻撓孩子，不過迷信的她提出了一個條件。

「好，媽媽再不反對你去哥本哈根，不過你要過得了**占卜**一關才行。」

安徒生只好聽從媽媽的安排。

幸好，占卜的結果一如安徒生的願望，說他「能成為一個非凡的人物。」

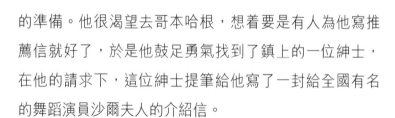

知識門

占卜：
一種迷信的活動，用龜甲、蓍草、銅錢、牙牌等推斷吉凶禍福。

事至於此，瑪麗亞無話可說。她哭了，她默默地為兒子準備行裝，為兒子的遠行張羅旅費。

就這樣，安徒生提着簡單的行李，揣着媽媽給的十三塊錢，告別了媽媽，告別了奧登塞，懷着希望和憧

憬向首都哥本哈根出發了。

　　哥本哈根，畢竟是丹麥的首都，雖然遭受過拿破崙掀起的歐洲戰爭的洗禮，經濟上受到了一定破壞，但它終究還有繁華誘人的魅力。

　　「哎喲，哥本哈根是個這麼漂亮的城市。到處是雄偉的建築，古老的大鐘，雕滿花紋的漂亮**煤油路燈**，華麗的馬車……」

煤油路燈：
由煤油作燈料的燈。煤油，由輕質石油產作，可用作照明燃料。

　　當安徒生站在街頭，看着這繁華的大城市時，他難掩興奮，立刻為自己找了個便宜的小旅館落腳。

　　放下行李後，他就急不及待去打聽劇院的地址，然後直奔前去。

　　劇院經理接見了這位長得高高瘦瘦、雙手粗大、風塵僕僕的年輕人。當經理聽過安徒生的自我介紹後，上下打量了他一眼，冷冷地說：「你太瘦了，你的外表也不適合演戲。」

　　安徒生不知道這只是經理的推辭。他以為經理僅僅只是因為自己太瘦的緣故，於是他高興地說：「先生，我很快就會長胖的，請你答應用我吧。」

　　經理說：「你走吧！我們不會用你的！不要再浪費

我的時間了。」

可是，安徒生仍然沒有放棄：「先生，無論如何，你可以安排我做任何角色，我都願意，我一定努力學習的。」

經理見安徒生仍不願意走，他的臉色難看起來了，他走到門前，把門一拉，對安徒生說：「我告訴你，年輕人，我們從來不接受沒有受過教育的人。」

剛到哥本哈根的一段日子，安徒生到處拜訪不同的劇團，卻處處碰釘，令他沮喪極了。從奧登塞出發時所懷着的一股熱情和希望給碰得支離破碎，但他倔強的個性使他沒有輕易放棄，安徒生默默地走到大街上，他難過極了。他決定拿着介紹信去拜訪舞蹈家沙爾夫人。

他按響了沙爾夫人家的門鈴，一個女僕來開門，見到**衣衫襤褸**[①]的安徒生，以為他是要飯的，隨手給了他一個硬幣，安徒生很驚訝地說：「不，請幫我通報一下沙爾夫人。」

女僕怔了一下，進去通報了，很快她又返回來，把安徒生領進了客廳。沙爾夫人正坐在客廳的沙發上。

安徒生介紹完了自己後，立刻開門見山，向沙爾夫

[①] **衣衫襤褸**：衣服破爛。

人表達了來意。

「夫人，不知道你是否願意收我這個學生？」

沙爾夫人用疑惑的目光打量着這個樣子古怪的年輕人，他穿着鄉下的舊衣服，戴着一頂大大的帽子，靴子上沾滿了污泥。為了讓沙爾夫人對自己有多點認識，安徒生大膽地表示要表演一下自己的才藝，他希望自己的表演能改變夫人的想法，收他為徒。為了跳起舞來方便輕快，他把靴子脱了下來，把大大的帽子摘了下來，開始又唱又跳。沙爾夫人奇怪地看着安徒生的一舉一動，她彷彿不明白這個年輕人要幹什麼，最後她客氣地説：「年輕人，我想你還是別抱這種期望，老老實實去找份工作吧。」説完，吩咐女僕給他一點吃的，便離開了。

從沙爾夫人家裏出來後，安徒生默默回到窄小昏暗的小旅館，數着還剩下的一點錢，憂愁起來。

「哎，錢很快就用光了，難道我要一事無成地回到奧登塞去嗎？」

「不，我不願意這樣，我一定要在哥本哈根站下腳來！」他反反覆覆對自己這麼説。

他經過認真的思考後，決定先在哥本哈根找份工作，有了立腳點之後，再尋找機會。

很快，他就找到一份在家具廠當學徒的工作，可

是大概安徒生生性敏感，又不習慣城市人的說話方式，跟周圍的人總是合不來。他工作起來總是不稱心，不是砸了腳就是傷了手，學着做出來的東西，常令老闆皺眉頭。過了一段時間，他發現自己還是不適應，便乾脆向老闆辭職了。

離開了工作的地方，安徒生漫無目的地不知自己該往何處去。

「該怎麼辦呢？難道就這麼回去嗎？」肚子又咕咕地叫了，原來已有兩餐沒有吃飯了，走在繁華的都市上，他再一次陷入了迷茫中。忽然，他腦海中想起奧登塞人曾讚美過自己的歌聲，他立刻又抱有了希望。

「何不去找歌唱家試試看，看看他們是否肯收我為徒？」主意一定，安徒生馬上投入尋找歌唱家的熱情中。他記起報章上曾提及過着名歌唱家朱塞普·西博尼這個名字。

西博尼是個才華橫溢的歌唱家，在首都哥本哈根恐怕無人不知。當安徒生那天去登門求見時，他正跟一羣賓客在寬敞的大廳裏高談闊論，僕人走到他身邊，悄悄地在他耳邊說：「門外有位年輕人求見，說歌唱得很好。」

「會唱歌？這可是同行呀……」西博尼開玩笑地

說，並禮貌地向客人說：「如果各位不反對，我想見見
這位年輕人。」

安徒生在僕人的引領下，來到賓客聚集的大廳，看
見眼前的**衣香鬢影**[①]，安徒生突然心裏怯懼，不自在地搓
弄雙手。

「孩子，別怕，到這兒來！」熱情的西博尼親切地
招呼他，把他帶到鋼琴邊去，打開了鋼琴。

「你會唱什麼歌？」

「我會唱好多好多歌！好多歌
劇的**詠歎調**我都會唱！」一聽到歌唱
家這般問他，安徒生的興奮蓋過了怯
懦，立刻一口氣地回答道。

「哦？那麼試試看！」

在西博尼的鋼琴輕輕奏響下，
安徒生大膽地跟着唱起歌來。剛開始
他跟不上鋼琴的拍子，因為他一向清
唱，唱得斷斷續續，慢慢地他掌握了

知識門

詠歎調：
西洋歌劇或清唱中的
獨唱曲。篇幅長，富
抒情或戲劇性，十八
世紀的意大利歌劇
中，均為反覆三段體
（ABB）。此格律後
來被格魯克打破，結
構不再限定格式。

拍子，便流暢地唱起來。他那美妙的嗓音帶着豐富的情
感，牽動着客人的心。當歌聲一停，即獲得在場人士的

[①] **衣香鬢影**：多形容在人多的場合，婦女的衣着穿戴十分華麗。

掌聲和讚美聲，對這個外表不怎麼討人喜歡的孩子有了好感，都在談論眼前的年輕人。

「呀，唱得真不錯呢！」

「他的嗓子很圓潤，具有音樂家的潛質！」

「他既有一副好嗓子，要有成就，就得有人幫他一下。」一位瘦瘦的作曲家這麼說。

「好，就讓我來教他唱歌技巧！對於每一位熱愛**繆斯**的人，我一定竭誠相助！」西博尼向眾人許下承諾。

> **知識門**
>
> 繆斯：
> 希臘神話中的九位文藝和科學女神的通稱。祂們均為主神宙斯和記憶女神之女。

安徒生做夢也沒有想到，鼎鼎大名的歌唱家只是聽他唱首歌，就肯收他為徒。他真是太高興了。

當安徒生從熱鬧的西博尼家出來，走在冷清的大街上時，他感到生命有一股巨大的暖流流遍全身，感覺到生命的力量又回到身上了。

為了解決安徒生的生活費，西博尼當晚就為他向賓客們**籌措**①了足夠半年的資金，這樣安徒生就能安心地跟他學唱歌了。

每天，安徒生均準時來到西博尼的家，在他的指導

---

① **籌措**：設法籌集。

下，他全神貫注地學習每一個環節。很快，時間一晃半年就過去了。

　　就在安徒生憧憬着當歌唱家，能夠登台表演的時候，一件不幸的事發生了。那是第二年春天的一個早上，天氣還清清涼涼的，安徒生一起牀，發現自己的嗓子變得**嘶啞**①了，他心裏恐慌極了。

　　他立即去請醫生檢查，可是診斷結果讓他很失望。由於哥本哈根的冬天很冷，安徒生沒有保暖的內衣，一整個冬天都只穿一雙能滲進冰涼雪水的破靴子，他常常傷風咳嗽，他的嗓子就這麼壞掉了。

　　當西博尼得知安徒生的嗓子再不可能康復時，他直白地告訴安徒生：「孩子，你學唱歌已經沒有希望了。」

　　安徒生默默地流下了傷心的淚水，他沒有説一句話，然後低着頭離開了西博尼。

---

① **嘶啞**：聲音沙啞。

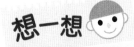

想一想

1. 安徒生為何堅持要到哥本哈根去？是什麼吸引着他？

2. 安徒生在哥本哈根遇到了什麼困難？為何他能堅持下去？

六 悲與喜

離開西博尼後，消沉了一段日子的安徒生又恢復勇氣，積極去解決面前的難關。

他先後拜訪過舞蹈家達朗、鐘錶店老闆尤根森大人、詩人古爾登堡……這些人在聽到他的遭遇後，都樂意幫助這位充滿理想的年輕人。

「漢斯，我跟舞蹈學校談過了，他們願意接納你。」舞蹈家達朗碰見安徒生時告訴他這個消息。

「這是你的生活費，假如你願意，我可以抽時間教你拉丁文及德文。」詩人古爾登堡同情安徒生的境況，希望助這個好學的年輕人一臂之力。

於是，安徒生的生活又有了着落。

大型芭蕾舞劇《亞美達》要在哥本哈根劇院上演，大街小巷到處張貼着這個劇的宣傳海報，行人只要留意看演員表，就會發現其中扮演**侏儒**的演員名字上印着：安徒生。

一向渴望踏上舞台的安徒生，在

知識門

侏儒：
身材異常矮小的人。這種異常的發育多由腦垂體前葉的功能低下所致。

得知自己有份演出時，把這個天大喜訊告訴了他的房東太太。

「那麼有多少報酬？」房東太太只關心他能賺多少錢。

「報酬？哪有什麼報酬？能夠在這麼大型的舞台劇裏演出，在觀眾面前亮亮相，已經很好了。」

「哼，大傻瓜！沒錢的工作誰願做？」房東太太冷冷地說。

夜裏，他把印有自己名字的海報擁在懷裏入睡，一副甜絲絲的笑容掛在臉上。

事實上，在這段日子裏，安徒生的生活過得很苦，他經常吃不飽飯，有時就在街上買一塊小麵包吃，或者乾脆喝兩口冷水。他也沒有一件像樣的衣服，有一位公爵送了一件半舊的燕尾服給他，穿着挺合適，就是胸圍太大，他就在裏面塞滿了舊傳單。每一次他出去見朋友時，都要格外小心，否則那些傳單就會嘩啦嘩啦地往下掉。

可是在安徒生心裏，只要有機會站到台上，已經是最好的報酬了，何況登台演出的男女主角，全是當地**響噹噹**[①]的紅演員。

[①] **響噹噹**：比喻人名聲響亮。

　　上舞蹈課，上拉丁文課，每天安徒生的生活都很充實。不久，他結識了一位大學圖書館管理員紐瑞普，一有時間他就跑到圖書館去，藉着紐瑞普的關照，他可以待在圖書館裏，飽覽書架上一排排的書，能讀的他都不放過。這次，他重讀了《莎士比亞戲劇集》的另一個譯本，看過了許多連名字也沒有聽過的作家作品。他對丹麥本土文學的認識，正是由這階段開始的。

　　他愛上了被譽為「丹麥文學的太陽」的著名悲劇作家**亞當·愛侖士雷革**。他其中的作品《阿拉丁神燈》，是安徒生最喜歡的。因為阿拉丁那忠厚善良而機智的個性，以及人生遭遇，都跟他有許多相似之處。

　　書讀多了，安徒生對生活的感受更深了，內心有更多的東西想表達出來，於是他又提起很長時間也沒抓過的筆，重新寫起劇本。

　　「這次我要寫個悲劇。」大概受悲劇作家亞當的影響，安徒生這麼決定。

　　不到幾天，安徒生便完成了一個短篇悲劇。他立刻拿去給認識不久的詩人拉貝克教授過目。

知識門

莎士比亞戲劇集：
全集共有三十七個作品，分類為喜劇、悲劇、傳奇劇和歷史劇。

亞當·愛侖士雷革：
丹麥著名的悲劇作家。

　　拉貝克不在，熱情好客的拉貝克夫人在看過安徒生的劇本後，睜大眼睛盯着他說：「哎呀，你怎麼整段抄襲亞當的作品？」

　　正興高采烈等待讚美的安徒生，沒想到拉貝克夫人給他澆了一頭冷水。

　　「年輕人，你該寫出自己的東西，只有能創作出自己的作品，才算得上作家。」看着一臉迷惑的安徒生，拉貝克夫人補充解釋。

　　「只有創作出自己的東西，才算得上作家？」安徒生在心裏咀嚼着夫人的話。

　　受到啟迪的安徒生，便朝着「創作自己的東西」這條路上繼續努力前行。

　　春天來了，但北國的土地上仍鋪着一層硬硬的薄冰。冰冷的世界依然籠罩着這個城市，但安徒生的內心卻熱血沸騰，因為他正埋首在新的劇本中。

　　「啊！《林中的小禮堂》終於完成了。」當他為新的劇本畫上最後句號時，不由地鬆了一口氣，伸展着疲累的四肢。

　　拉貝克夫人看過這新劇本後，對安徒生說：「嗯，比以往有進步，起碼裏面多了你自己的東西。不過劇情不合理，很亂，不知你想說什麼。」

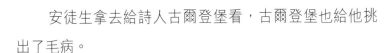

安徒生拿去給詩人古爾登堡看，古爾登堡也給他挑出了毛病。

「我看你還要在文字表達上多下功夫，有不少地方有文法錯誤，表達技巧還不行，故事內容很薄弱。」古爾登堡像老師一樣，説出了自己的意見。

聽到兩位長者的意見後，安徒生的情緒有點低落，不過這反而激起了他不肯服輸的心。他決心再寫一個更好的故事。

《維爾森大盜》是他用很短時間構思寫成的另一個作品。他將劇本看了很多遍，反覆修改，然後認認真真謄寫清楚。這一回他沒有拿去給拉貝克夫人和古爾登堡看，而是懷着忐忑不安的心情將它寄給劇院，不久作品給退了回來，上面寫着：「劇本不合適，無法上演。」他的內心又遭受了一次沉重的打擊，以致有好幾天沒上拉丁文課。

古爾登堡對於安徒生經常缺課，沉迷在戲劇寫作上很不滿，他認為學習拉丁文是很重要的事情。

有一天，他對安徒生説：「你既然不喜歡上拉丁文，我也不勉強你，以後你就不用到我這裏來了。」

「老師，這不是説真的吧？」安徒生不相信自己的耳朵。

可是，古爾登堡已不再說一個字了。

安徒生的心頓時往下墜，以後的日子該怎麼辦？來哥本哈根已三年了，原以為一切已上了軌道，可是突然間，又失去了一切。難道就這麼返回奧登塞，像父親一樣鬱鬱過一生嗎？難道自己的理想就讓它破滅？難道窮人家的孩子注定了不能成才？他想起了自己的母親，冬天她站在刺骨的水裏不停地洗衣，她從來沒有抱怨過，她任勞任怨地背負着生活的重擔。母親，是母親賦予了安徒生頑強的生命力，他很快擺脫了低落的情緒，又積極行動起來。

安徒生的腦海裏很快又有了新的計劃，他要構思一個新劇。

不用再上課學習拉丁文，反而給安徒生更多時間、更多空間投入寫作中。

新劇《阿芙索爾》的寫作過程非常順利，他自己看過後也很滿意，便馬上拿去唸給朋友們聽，尤根森夫人聽後感動得流下淚來，拉貝克夫人也給了好評語：「這個劇本才像樣。」尤根森夫人願意為他向劇院寫推薦信，拉貝克夫人也樂意向拉貝克教授推介他的新劇。

拉貝克教授既是詩人，也是哥本哈根皇家劇院的其中一位主管，是當地公認的權威。安徒生雖然經常到他

家，但他性格低調，常常躲在書房裏，還沒跟安徒生碰過面。

拉貝克教授在看過安徒生的這個劇本後，對安徒生產生了興趣。

「這是個怎樣的年輕人呢？儘管劇本裏有的地方用語錯誤，表達也含糊不清，但裏面有着新鮮活力的東西，如果加以栽培，這個年輕人將是可造之材。」他心裏想。

他希望能助安徒生一臂之力，他向夫人了解了安徒生的生活狀況，也跟劇院負責財務的古林先生交換過意見。大約十天之後，安徒生被請到了皇家劇院的經理室去。

看到面前的兩位先生，安徒生不禁有點膽怯，心想：「這次又準備給人退稿吧。」然後他輕輕掃視了一下兩人，等待着「判刑」。

有一張俊朗面孔的古林先生首先開腔：

「我們看過你的作品，它欠缺基本文理，表達欠佳，在文學上完全未達要求，沒可能搬上舞台演出。」

聽到這裏，安徒生的心又死了。「啊，天啦，他們拒絕了劇本。」

過了一會，古林繼續說：

「可是……拉貝克教授在你的作品裏，發現了一些

獨特之處，認為你再接受教育會對你的寫作有幫助，所以我們決定為你申請一筆皇家公費，保送你進學校。」

安徒生驚喜地望着古林先生。面對這出人意料的結局，他完全沒有想到。

古林先生接着説：「如果你不反對，你將進入教會學校學習，不過你得答應我們，你必須完成學校的必修課程，請你考慮後再給我們一個答覆。」

這還用得着考慮嗎？讀書，這不是自己朝思暮想的事嗎？這不是父親一生的願望嗎？

安徒生激動得不知説什麼好，最後他結結巴巴地向他們表達了謝意：「謝謝你們為我做的一切，我將全力以赴！」

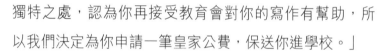

1. 安徒生如此熱衷寫作，這對他後來有什麼影響？

2. 朋友令安徒生一生有什麼得益？

七 「高齡」中學生

一八二二年十月，一個秋雨的傍晚，這位十七歲才進中學的「高齡」學生，坐着馬車趕往斯拉格爾塞教會學校報到，這是一個風景秀麗的小城。

「梅斯林先生雖然是新上任的校長，但他是一個教育家，在他的指導下，你會受益進步的。」在告別哥本哈根前，安徒生的監護人古林先生這樣向他介紹他的新校長。

當他來到新學校，被領進了他將居住的地方——校長的住所，卻被屋內的髒亂、昏暗、校長太太一身油垢的衣服及她冷漠的面孔，打消了滿腔的熱情。

拜見過校長後，安徒生心裏更是七上八下，校長有着一副矮胖的身材，一對小小的眼睛。當他想向校長表達自己的想法時，校長冷冷地打斷了他，説：「你什麼也不用説，據我了解，你已答應古林先生，全力學好學校的課程，是嗎？」

「是的，不過我想在課餘時間裏寫寫詩……」

「什麼也不行，你要記住，你不能浪費任何時間去

寫那些毫無意義的東西。」

校長嚴厲的說話、冷漠的態度，使安徒生內心緊張不安。

安徒生通過基本考核後，給編進了二年級。這個在全班中年齡最大的「高齡」學生，基礎實在太差了，不管是丹麥文、希臘文還是拉丁文，全都犯了不該犯的錯。

一天，梅斯林校長把安徒生叫到校長室去。

「漢斯，如果不是古林先生保送你，我才不願意收你這個學生。要記住，能進這間學校，是你的光榮。」

「是的，校長！」

「一個窮鞋匠的兒子，會有什麼出息？」安徒生轉身離開時，聽到校長在背後**輕蔑**①地說。

安徒生咬着牙走出了校長辦公室。他更努力地學習了，順利通過了一次又一次考試，他升上了三年級。三年級的希臘文由校長親自執教。

一天，校長來上希臘文課，他教了一遍後，便叫安徒生重複唸一遍。

「u(mju)……u……u」安徒生發音不準、又口吃地唸着。

---

① **輕蔑**：看不起、藐視。

校長的怒目馬上盯着他。

「看你，真不知恥，學了這麼多遍，還唸不準，真丟人！」校長當着全班同學的面，毫不客氣地訓斥安徒生。

「校長，我已經盡力了……」

「盡力？你真不配受教育，還有臉自稱詩人，真是不自量力！」校長越挑安徒生的錯漏，安徒生的心就越繃得緊，明明剛記的東西，一緊張就什麼都忘了，他感到這種日子真難熬啊！

這一年，放假回到哥本哈根後，他有如被困在鳥籠的雀鳥被釋放出來，心情特別輕鬆。他和朋友們傾談，傾訴學校生活的不快遭遇，但從不敢向監護人古林先生提及半句。

這一點，安徒生是有所顧慮的，他怕古林先生不相信自己，他怕失去古林先生的信任，失去這一個機會，他怕生活再次陷入顛沛流離的境地……

在校長家寄宿的日子，他還得義務給他們的孩子當保姆，孩子們很喜歡這位高個子大哥哥，他們喜歡聽他講故事，安徒生待他們也很和藹，可是孩子畢竟是孩子，他們總免不了吵吵鬧鬧。如果有哪一個孩子跌傷了、哭泣了，校長太太都會板着面孔責備安徒生，而校

長更是動不動就發脾氣，「白癡，混賬！」幾乎是他責罵安徒生的習慣用語。這所有的一切對安徒生而言，是一種精神上的虐待，所以只要有可能，他總是躲在自己狹小的房間裏溫習、閱讀，偶爾也寫寫詩來宣洩心中的鬱結。

　　一天，校長不知為何走進他的房間，發現了桌子上的一本筆記本，打開一看，眼裏立刻冒火，他大叫：「克里斯蒂·安徒生！」

　　安徒生聽到這驚人的叫聲，膽戰心驚地跑進來。

　　「你這個蠢貨！這是什麼東西？這就是你那狗屁不通的詩？你知不知道一頭**驢子**也比你聰明！你有沒有作詩的才能，難道我還不知道？我早就說過你根本不配受教育，怎麼培養你，你也不會有教養。再給我發現你在寫這些東西，我就馬上開除你！」

知識門

驢子：

哺乳動物，多用作力畜。身形和馬相似，但比馬小，耳朵長，毛多為灰褐色，尾端有毛。

　　這些話深深地刺痛了安徒生。自己不配受教育？難道僅僅只是因為自己是窮人家的孩子嗎？安徒生沒有服輸，他寫詩的慾望更熾烈了。

　　一八二六年，梅斯林校長接到了新任命，被派調到

一所更大的學校去當校長。安徒生跟隨校長轉往新校。

來到**赫爾辛基**的一所教會學校，校長兼顧的事務比以前繁重了，不像以前那樣有那麼多時間去嚴厲管束安徒生了，安徒生得到了一點點的自由。赫爾辛基是個美麗的城市，不用上課的日子，安徒生就跑到風景如畫的海濱去，看日落，數歸帆。每一樹每一木每一小石，都成為他詩中的主角，《傍晚》這首抒情詩，就是他在這個時期寫下的作品。

冬日的一天，安徒生受了涼，他感到頭暈，腳也站不穩，伏在桌上休息，但他不敢告訴校長。沒有生火的屋子冰冷冷的，躲在自己房間裏的安徒生開始顫抖起來，腦海裏湧起了童年往事，思念起了遠方的媽媽……

他勉強拿起了筆，把此刻的感懷化成文字，《垂死的孩子》一詩便這樣誕生了。

這段日子裏，梅斯林校長面對繁重的學校事務，他那暴躁的脾氣又回來了。

「沒見過你這麼笨的蠢貨，連這麼簡單的文法也不懂！」

知識門

赫爾辛基：

芬蘭首都和最大海港，是芬蘭經濟、文化、交通中心和海軍基地，也是國際航空港。

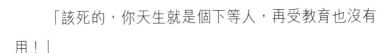

「該死的，你天生就是個下等人，再受教育也沒有用！」

「你這頭驢子，吃得那麼多，天啦！我們家要被你吃窮了！」其實安徒生的膳宿費都落入了他的手裏。

連吃飯也成了他受辱罵的理由，這使得安徒生常常還沒飽，就離開了飯桌。

在這種精神和肉體的雙重虐待下，安徒生熬過了六年。直到有一天，有一位研究古代語言的教師來找校長。

安徒生對這位名叫威林的教師印象不錯，威林是個觀察敏銳的人，一次他突然問安徒生：「你在這裏開心嗎？」

安徒生沉默了，一下子他不知從何説起。

「如果你不願意呆在這裏，告訴我，我替你想辦法吧！」

當古林先生收到威林老師的信後，深深地歎了口氣：「沒想到梅斯林校長是這種人！安排安徒生回哥本哈根也許是最好的補救辦法。」

在接到古林的信後，安徒生整個人興奮極了，為了禮貌，他仍然去向梅斯林校長辭行。

「校長先生，謝謝你教會我很多有用的東西，我走

了，再見！」

「走吧，最好你進瘋人院，記住，你永遠不會有出息的！」校長冷冷的回答在空中飄蕩⋯⋯

安徒生帶着對未來充滿希望的美好心情，踏上往哥本哈根的歸途了。

想一想

1. 你認為梅斯林校長是個怎樣的人？他的這種教育方法對學生會產生什麼影響？

2. 安徒生是如何克服這些困難的？

八 生命的獵人

回到哥本哈根，安徒生安頓好自己後，第一時間跟古林先生見面。

「安徒生，我們打算讓你準備考大學。」

「大學？」想起拉丁文，安徒生對入讀大學就顯得毫無信心，因為拉丁文是必考的科目。

「對。我們還為你安排了指導你應付大考的老師，繆勒先生。」

繆勒是一位很有禮貌、很有修養的年輕學者，安徒生看着清瘦的新任導師那自信而親切的笑容，心中放下了憂慮。

安徒生在繆勒的輔導下，很快就全心投入大學入學試的準備中。

繆勒老師的耐心和靈活的教學法，使安徒生終於逐步掌握了拉丁文的應用和表達。其他的科目，他自己應付得來。

終於，安徒生度過了緊張的大學入學試。

他懷着忐忑不安同時又期待的心情，熱切地等待

結果。

一八二八年下半年，已經二十三歲的安徒生，從郵遞員手上接過一份郵件。當他打開裏面一看，不禁驚喜萬分。

原來，這是一封哥本哈根大學的入學通知書。從這一天起，這個窮鞋匠的兒子正式成為了哥本哈根大學的學生。安徒生看着眼前的通知書，悲喜交集，他想起了這些年來的艱苦歷程，想起了那個穿着破舊衣衫，拖着疲乏的身子去叩響一扇又一扇門的小男孩，想起了喜愛文學的爸爸，想起了疼愛他的媽媽，以及幫助他的朋友和師長們……

在新生入學會上，每位新生都要做自我介紹或表演些節目。輪到安徒生時，他簡短地作了自我介紹，然後向眾人朗讀起自己的詩歌，沒想到引來熱烈反應。

「安徒生，你的詩很生活化，很活潑。」

「你的詩很有新意，不像傳統作家，古板乏味。」

自己的作品獲得眾人的熱烈反響，安徒生內心充滿喜悅，對未來更充滿憧憬。

安徒生是個很勤奮又有毅力的人，不斷寫作磨練自己的技巧已經成為他生活的重要部分。

一天，他把自己的幾首新詩拿去給海堡看。海堡是

一份報紙的文學編輯。他看過安徒生的詩後，覺得很新鮮，就想選兩首登到他的報上去。

「我怕我的詩還未能達到發表水平。」

「哎，你擔心什麼？最好讓讀者去評價好了。」海堡堅持自己的意見。

最後，安徒生勉強答應了。「不過請你替我刪去全名，只保留姓氏頭一個字母『H』來代名字吧。」

兩首詩發表後，引起一些批評家注意，但由於海堡的頭一個字母也是「H」，別人便以為作品是海堡的。

因新詩有好評，安徒生受到了鼓勵，對寫作的信心更大了。

他開始計劃寫一部遊記。這幾年被梅斯林校長的教育所壓抑着的熱情，在這部長篇幻想遊記裏爆發出來了，這就是《阿馬格島遊記》。這部遊記充滿美妙的想像，具有濃厚的生活氣息。這給當時死氣沉沉的丹麥文壇吹入了新鮮的空氣。

這部遊記很快出版了，這是一八二九年的事，安徒生當年二十四歲。

繼這部作品之後，安徒生又一新作《尼古拉耶夫塔上的愛情》誕生了，這是一部輕鬆喜劇。他將這部作品寄給了哥本哈根的皇家劇院，這部作品的命運有會怎樣

呢？他焦急地等待着。

一八二九年的一天，他收到哥本哈根皇家劇院的通知，決定允許他的新作在舞台上演出。他拿到通知書時，心中感慨萬分。

十年前，一個瘦瘦的男孩來到劇院請求當一名演員卻遭到了拒絕；十年後，他的劇本居然在劇院上演了。

演出的日子越迫近，安徒生的心情就越緊張。他害怕新劇不受歡迎，為此他失眠了好幾個晚上。

《尼古拉耶夫塔上的愛情》終於演出了，站在台下一角遠觀的安徒生有股無名的恐慌和期盼。

「這是一齣很感人的喜劇。在燈下發生的愛情多浪漫。」

他隱約聽到觀眾席上的議論和評價。

當全劇落幕之時，他聽到在場觀眾的掌聲。掌聲，掌聲，掌聲，這是給他的掌聲。他感受着從未有過的光榮和驕傲。

新劇的成功不僅給了他榮譽，還帶給了他物質上的收入。連同前一部書的出版收入，他可以靠着它們第一次擺脫飢餓的恐慌。這種恐慌從他出身時就來到了他的身邊，在哥本哈根奮鬥的日子，在梅斯林校長那求學的日子，這種飢餓的感覺時時壓迫着他。

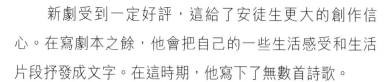

　　新劇受到一定好評，這給了安徒生更大的創作信心。在寫劇本之餘，他會把自己的一些生活感受和生活片段抒發成文字。在這時期，他寫下了無數首詩歌。

　　一天，他把自己多年寫下的詩歌結集送到一家出版社去。

　　「漢斯先生，很抱歉，我們不能出版你的詩歌。」出版社的老闆只是抽看了其中一、兩篇作品，便這樣對安徒生說。

　　「你不喜歡我的作品，我就找別家去，不相信沒一家肯為我出版！」倔強的安徒生就是不肯低頭，因為他明白，沒有名氣的作家想出版作品，必須找五十個具名氣的人簽名保薦，才有出版機會。

　　可是，安徒生決定靠自己的能力試試看。

　　於是安徒生找遍哥本哈根的大小出版商，終於找到了賞識他作品的一家出版社。

　　新詩集出版後，獲得少數人的好評，引起了上流社會文人的注意。這些貴族和上層階級文人被譽為有教養的人，他們受過正統的貴族教育，他們會用很講究的語法寫作，可是他們的作品缺乏想像，缺乏生活的活力。而安徒生的作品充滿了生活的氣息，活潑生動，他的作品對這些「有教養」的文人的作品是一個很大的威脅。

於是這些有教養的人在知道安徒生的出身後，便大加批評嘲諷。

「這個窮鞋匠之子，寫的是什麼東西？」

「文字如此生硬，怎配稱為作家？」

「看他拚命地發表作品，就知道他想向上攀！」

面對主流派的不合理批評，安徒生苦惱極了。

然而，批評聲音越來越厲害，主流派人士甚至翻出了安徒生的《阿馬格島遊記》。這部書有一些語法錯誤，這下可給了人們指責的把柄了，有一位批評家甚至刻薄地說全書沒有一個正確的地方。

就在這個流言四起、安徒生的文學創作道路受阻的時候，有一天，他為了排解憂鬱煩悶的心情，參加了一個聚會，在這個聚會上，一個天真活潑的年輕女子闖入了安徒生的心裏。

「她是一個很溫柔又有見識的女子。」安徒生對這位女子的印象很好，於是便向人打聽有關她的事。

「什麼？她已經跟人訂婚了？」

「對，我勸你不要在她身上浪費感情。」

面對着那份無望的感情，和文壇上的冷嘲熱諷、肆意批評，安徒生的情緒極其低落。經過考慮後，他決定去國外旅行。

想一想

1. 當安徒生得知他的新劇能在皇家劇院上
   演時，他的心情如何？

2. 安徒生的作品為什麼受到主流派的嚴厲
   批評？

九 被迫出國

一八三一年的春天，安徒生帶着憂傷和無奈的心情，第一次離開了自己的國土，到**德國**去。他遊覽了德國多個城市，德國的城市風光，寧靜優雅的鄉村景色，德國人的樸實、勤勞，各種風土人情……都令他大開眼界，慢慢地，他心中的傷痛困擾已淡去，他愉快地享受着這次旅程。

知識門

德國：
位於北海邊緣，東接波蘭，南與法國接壤，以工業和科技先進著稱。

短短的外遊，安徒生彷彿又一次揚起了生命的風帆，他很快恢復了創作的熱情。在這段時間他寫下了《旅行剪影》和《哈茲山中漫遊記》。這兩部遊記仍然沒有好的命運，尤其是《旅行剪影》，其實與《阿馬格島遊記》相比，這部作品的現實性更強，寫作技巧更成熟。可是，當時的丹麥文壇仍不認可安徒生那種口語化、富有生活氣息的寫作。

「瞧，這窮鞋匠的兒子想當丹麥的大詩人！簡直是笑話！」

「你瞧他那乾瘦的身材，就是沒教養的下等人。」

「這寫的都是些什麼東西呀！這麼世俗的語言怎麼能在文章中寫出來，文章應該寫我們上流社會高尚的語言。」

從國外回來後，安徒生發現丹麥文壇仍然以一副冷冰冰的面孔來對待他。他們的指責與挑剔已近於無聊與庸俗，他們不僅指責他的作品，甚至連他本人的缺點也成了他們津津樂道的話題。這些上流社會所謂「有教養」的文人們經常在聚會上輕蔑地議論着安徒生，甚至有時候連他走在路上，也會有人用輕挑的語調朗讀他的詩句。

安徒生作品的口語化使批評家看不慣。他自然坦率的性格為他招來許多敵人，而他窮苦的出身更是人們諷刺他的開場白。

「那個窮鞋匠的兒子……」

「那個洗衣婦的兒子……」

人們經常用這樣的話語對他展開非難。

安徒生再也不是以前那個膽小懦弱的安徒生了，他以詩作為武器來還擊這雨點般的攻擊，而這樣的結果，只能造成雙方更深的仇恨。在這種情況下，也許只有離開才是最好的辦法。

一八三三年，安徒生又再次離國他遊。這一次，他

的旅程包括了德國、**法國**、瑞士和**意大利**。

　　每到一地，他喜歡逛博物館，看歷史古跡，到文化中心及書店去感受認識當地的文化。旅途上，他創作的靈感源源不絕，而且愛上童話創作，《鬼》就是其中最早的一篇童話。

　　遊覽、閱讀、創作已經是安徒生旅途上的生活安排。《幻想和速寫》詩集便是在旅途上完成的作品。他也偶爾拜會當地的同行，交流創作心得，比如**海涅**、**雨果**就是在此時認識的。他跟不同職業的人交朋友，聽他們講熟悉的故事。由於身處異地，別人不知道他是誰，使他變得輕鬆快活。豐富的見識和旅途見聞，大大的激發了他的創作衝動。

　　來到風景如畫的瑞士，安徒生決定租間小屋住一段日子，好好享受自由，欣賞一下

知識門

法國：
北臨盧森堡，東接瑞士，南與法國接壤，以工業和科技先進著稱。

瑞士：
位於歐洲西部，是一個多山、多湖泊、面積不大的國家。以風景秀麗著稱。

意大利：
位於歐洲南部，地中海之邊，氣候溫暖宜人，是一個具文明歷史的國家。

海涅：
德國詩人、政論家。著名論文有《論浪漫派》，詩作有《西里西亞織工》，長篇政治諷刺詩《德國──一個冬天的童話》表達了作者的愛國思想。

雨果：
法國作家。法國浪漫主義文學的重要代表。長篇小說《悲慘世界》、詩集《懲與罰》，表現了作者的進步思想。

瑞士那美麗的湖光山色。同時，他開始構思一個新劇，《亞格涅特和海人》這篇有着豐富情感的詩篇，就是在瑞士完成的。

離開瑞士，安徒生踏上意大利的國土，這是個歐洲文明古國。**佛羅倫斯**古老的大街，雄偉的建築，強烈的藝術氣息，到處林立的畫廊，雕刻精美、色彩繽紛的壁畫……全都令他目不暇給，內心讚歎不已。

此時，安徒生得知《亞格涅特和海人》在丹麥的出版命運依然不佳。評論界指責它，挑剔它，用尖酸刻薄的話語諷刺它，安徒生的心裏鬱悶極了。然而，更大的不幸來了。

「媽媽死了！」安徒生得知這個消息，失神了許久，朝着丹麥的方向默默無話。他想起過早老去的媽媽，腰彎背微駝的身影，想起媽媽勞苦的一生。可憐的媽媽，臨終的時候一定在想念遠方的兒子吧？辛苦了一生的媽媽，臨終的時候又是誰守在你的牀邊呢？

安徒生傷心地哭了，母親的逝世在他心靈上留下一個創痛。

知識門

佛羅倫斯：
又名翡冷翠，位於意大利北部。是一個中世紀城市，它在文藝復興時期的一段長時間裏成為文學、藝術與學術的中心，是一個具有歷史文化的古城。

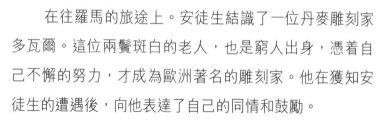

在往羅馬的旅途上。安徒生結識了一位丹麥雕刻家多瓦爾。這位兩鬢斑白的老人，也是窮人出身，憑着自己不懈的努力，才成為歐洲著名的雕刻家。他在獲知安徒生的遭遇後，向他表達了自己的同情和鼓勵。

「我知道你的故事，不過，要讓自己的作品不斷進步，你必須像雕刻家般，在不斷摸索中學習，才能有大進步！」

這個純樸的老人給了安徒生莫大的安慰和力量。他慢慢擺脫了陰鬱的心情，重新又投入寫作之中。

不久，安徒生的心中已在醞釀着一個偉大的長篇故事——《即興詩人》。

1. 什麼原因迫使安徒生出國旅行？
2. 安徒生在國外旅行時所見到的事和碰到的人，對他往後的創作有什麼影響？

十 豐盛的創作成果

安徒生在長篇自傳體小說《即興詩人》裏，將自己一路以來的種種非人遭遇和痛苦感受融入故事中，把自己熟悉的人物：父親、母親、梅斯林校長、古林先生、繆勒老師⋯⋯化為書中的角色，然後以幽默、幻想、詩意的方式表現出來，從而表達他對生活的感受。

《即興詩人》完成後，安徒生找到願意出版此小說的出版商，當小說在哥本哈根推出後，立刻受到普羅讀者的歡迎。

在讀者眼中，《即興詩人》用語通俗，生動活潑，內容清新引人，但在「有學識教養」的上流社會文人眼中，卻仍然認為它文字粗鄙、技巧不足、內容惹人反感。不過，已有部分文人給予客觀的評價。

《即興詩人》於一八三五年出版時，安徒生剛好三十歲。

開始受到眾人矚目的安徒生，並沒因此沾沾自喜，也沒想到要繼續朝《即興詩人》的寫作路上邁進。他開始思考他今後的創作路向。

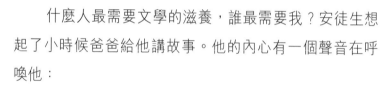

什麼人最需要文學的滋養，誰最需要我？安徒生想起了小時候爸爸給他講故事。他的內心有一個聲音在呼喚他：

「窮苦的孩子沒有玩具，缺少朋友，也沒有多少人有機會唸書。啊，他們是最需要人關懷的一羣。」

他在給朋友的信上，這樣表白自己的想法：

「我現在要開始寫童話。我要爭取未來的一代。」

朋友對安徒生轉變寫作路向，而且是寫當時被認為不入文學主流的童話，都詫異萬分。

「安徒生，你瘋了？童話算什麼文學？」關心他的朋友向他發出憤怒的質問。

安徒生很堅定，他明白朋友們的看法。

「我不在乎世人的看法，我有自己的計劃，只要孩子們喜歡我的作品，我就心滿意足了，『文學地位』？由別人評定吧。」

一八三五年，安徒生三十歲，正式進入了創作童話的世界。童年的回憶、《一千零一夜》的故事、丹麥的傳奇、幽默的寓言故事、個人生活的閱歷……安徒生的童話創作靈感一觸即發，源源不斷。

就在這年，他的第一本童話集《講給孩子們聽的故事》出版了。這本薄薄的小冊了共六十一頁，只有四個

童話：《小克勞斯和大克勞斯》、《打火匣》、《豌豆上的公主》和《小意達的花兒》。這本小冊子當時出版時並未引起人們的注意，評論家對它也不屑一顧，認為它「毫無教養」、「微不足道」，但時光的流逝證明了這本書的價值。

或許你讀過這些故事吧：《小克勞斯和大克勞斯》講述兩個農民的故事，大克勞斯有錢，但是他心地殘忍；小克勞斯很窮，唯一的一匹馬還被大克勞斯給弄死了。但是小克勞斯很聰明，憑着自己的智慧獲得了財富，同時也懲治了貪婪的大克勞斯。

《打火匣》講一個神奇的打火匣，它就像《阿拉丁的坤燈》裏的神燈一樣，具有神奇的魔力。後來一個勇敢的士兵得到了它，擁有了很多好運氣：他得到了許許多多的金錢、豪華的服飾、可口的美食，可是他很想娶這個國家美麗的公主為妻，國王和王后心想：你一個窮士兵怎能和我們的公主相配，於是派人把這個士兵抓進了大牢，就在正要將士兵放上絞刑架時，神奇的打火匣出現了，於是國王、王后和那些官員大臣們統統被扔上了天空，這個小小的士兵當上了國王。

這些故事語言清新自然，內容生動、有趣，想像也很奇妙，其實在一個個童話的故事裏，正蘊涵了安徒生

對生活的看法，對現實社會中不平等現象的揭露。

在接下來的十年，安徒生又發表了多篇童話。這些作品格調明快、優美，比如現在大家很熟悉的《皇帝的新裝》、《海的女兒》就是這時期的作品。

《海的女兒》裏，那個美麗善良的小公主懷着對人類世界的嚮往和對王子熱烈的愛情，她付出了巨大的犧牲。現在，在哥本哈根，有一尊美人魚的銅像，她坐在一塊石頭上默默凝視着遠方。

童話最初都是由父母講給孩子聽的，隨着安徒生的童話在孩子當中廣泛傳播開來後，安徒生開始考慮他的童話的成人對象，因為童話不僅僅只屬於兒童。

一八四五年之後，安徒生開始創作一種「新的童話」，這一時期的作品與早期創作的作品相比，融入了更多現實生活的歎息，而少了一些夢幻、活潑的氣息，例如《醜小鴨》、《母親的故事》就是這時期的作品。

《醜小鴨》被廣泛認為是安徒生的自傳，藉着醜小鴨來訴說他在童年、青年時所受到的種種磨難。

夏天裏，一隻鴨媽媽坐在葉上孵小鴨，一隻隻鴨蛋「噗、噗」地裂開了，一個個毛茸茸的小傢伙從裏面爬出來，他們嘎嘎叫着，伸出頭東張西望。可是，還有一隻最大的蛋沒裂開呢！

　　鴨媽媽又耐心地坐下，最後那隻大蛋裂開了，一個又大又醜的小傢伙爬了出來。

　　鴨媽媽帶他們去游泳，教他們怎樣做一隻有教養的小鴨子。

　　可是，這隻大鴨子長得實在太醜了，當所有的鴨子都在一塊時，大家越看他越不順眼，於是馬上有一隻鴨子飛過去，在他的頸上啄了一下。

　　「請你們不要管他吧，」媽媽説，「他並不傷害誰呀！」

　　「對，不過他長得太醜、太特別了，」啄過他的那隻鴨子説，「因此他必須挨打！」

　　這隻可憐的小鴨子，就因長得太醜，就到處被挨打、被譏笑。

　　後來連他自己的兄弟姊妹也老是説：「你這一個妖怪，你太醜了，你真該被豬叼去！」

　　於是媽媽也説：「我希望你走遠些！」

　　鴨子們啄他，連雞也打他，餵雞鴨的女僕用腳來踢他。

　　這隻醜小鴨傷心極了，跑到了一個農家小屋裏，屋裏有一隻貓和母雞，貓會發出咪咪叫聲，如果你摸他的毛，他的身上還能發出火花；母雞的腿又短又小，他生

的蛋很好。貓和母雞是兩個**自大狂妄**①而無知的東西。因為小鴨既不會生蛋又不會咪咪叫，他們認為他是一個沒用的廢物。

「你決不會比貓和女主人更聰明吧。我先不提我自己。孩子，你不要自以為了不起吧！你是一個廢物，跟你在一起真不痛快——我建議你還是學習生蛋，或者咪咪叫，或者發出火花吧！」母雞輕蔑地説。

「我想我還是走到廣大的世界去好。」小鴨説。

他孤獨地走了，在寒冷的冬天裏，小鴨遭受了許多磨難。

春天來了，有一天有三隻美麗的白天鵝浮在水面上。

「我要飛向他們，飛向這些高貴的鳥兒，雖然我很醜，他們也許會弄死我，可這總比被鴨子們咬死好。」小鴨飛到水裏，游向白天鵝們，就在這時，他游過清澈的水面，看到那原本粗笨、灰褐色羽毛的鴨子再也不醜陋了，他原來是隻天鵝。

只要你是天鵝蛋，就算生在養鴨場裏也沒關係。

這篇《醜小鴨》寓意深刻，問世後，深受人們喜

---

① **自大狂妄**：膽大妄為，自以為是。

愛。安徒生正如那隻醜小鴨一樣經過了重重磨難，最後終於成為一位舉世聞名的大作家。

　　一八五七年聖誕節，安徒生又出版了一部名為《新的故事》的作品。這部《新的故事》裏又有些什麼故事呢？《冰姑娘》、《沙丘的故事》、《老單身漢的帽子》等。這些故事其實都是直接描寫現實生活的小說，其寫法仍保留着童話的特點，但從內容可明顯看到安徒生的生活經驗比以前更豐富。這部作品不僅孩子喜歡，大人也喜歡；不僅國內受歡迎，在國外一樣也擁有許多讀者。

　　安徒生從小出身貧苦，所以在他的童話裏充滿了對窮苦百姓的同情，對統治者的憎恨，他嘲笑愚蠢的貴族，讚揚善良、正直、勤勞的普通百姓。這些在《她是一個廢物》、《皇帝的新裝》裏面都顯示了出來。

　　在這之後四十三年的時間裏，他為孩子們寫下了一百六十多篇的作品。在當時，從未有作家像他這般為孩子創作如此豐富的作品，除了上述提到的作品外，還有《賣火柴的女孩》、《堅定的錫兵》、《園丁和他的主人》、《小鬼和小商人》等等，這些全是家喻戶曉的故事。

知識門

錫兵：
一種流行於十九世紀的金屬玩偶。

安徒生是個勤奮的作家，他一直都在為讀者奉獻優秀的作品。每年的聖誕節前夕，安徒生都要為孩子們出版一部新的童話，他希望給沒有火雞、禮物的小朋友們一份聖誕禮物。

直到一八七五年前兩、三年，安徒生才因為健康問題而停筆。在他四十多年的創作生活裏，寫作、閱讀、到國外旅行已成為他生命的重要部分，他也一直過着單身的生活，終身沒有結婚。

一八六七年十二月深冬的一天，奧登塞大街小巷上到處張燈結綵，鑼鼓喧天，奧登塞城市在歡迎他們的故人安徒生返回故里，接受他們送贈的「榮譽市民」稱號，以紀念他一生在文學上的貢獻和成就。

年屆六十二歲的安徒生，漫步在這熱鬧的大街上，聽着歡迎自己的喝彩聲和樂聲，仰望夜空上為自己綻放的煙火此起彼落，童年往事又湧上心頭，一段一段的在腦海閃過，他感動得熱淚橫流。後來，他在自傳《我的故事》裏，這樣記載着他當時的感受：

「我覺得我自己很卑微、無力和渺小。我好像是站在我的上帝面前一樣。我的思想、言語和行為各方面的弱點，現在都在我的面前展開。這一切都在我的靈魂裏突出地直立着，好像這個紀念日就是我的審判日似的。

當人們這樣讚揚和尊崇我的時候，上帝一定知道我感到自己多麼卑微。」

　　這是安徒生成為了大作家之後的心聲。這反映安徒生的為人是多麼謙遜，他總覺得自己是卑微、渺小的，他時時刻刻都記着自己的缺點。

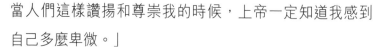

1. 成名後的安徒生為什麼改變寫作路向？

2. 安徒生所創作的童話故事內容與他的出身有什麼關係？

十一　兒童的貼心人

　　安徒生的童話，活潑而生動，又充滿生活智慧和幻想，因此深受孩子們的歡迎，作品被譯成多國語言，並流傳到歐洲等海外國家去。

　　安徒生熱愛童話創作，他希望給許多孩子講故事。在現實生活裏。他也很關懷有需要的孩子。在他內心深處，他時常記起童年的自己，要不是爸爸給他講故事，他童年的生活一定很乏味、很難過。

　　有時候，他寫的童話被搬上舞台，他就會邀請一羣孩子一起去觀看，與孩子們同歡樂。

　　一八四五年，安徒生到訪德國詩人摩生的家並小住幾天。摩生的兒子力克很喜歡安徒生，因為安徒生常常給他説動聽的故事。他還喜歡一面向小朋友交代故事的結尾，同時一面用剪刀靈活地剪出各式各樣的剪紙送給小聽眾，如芭蕾舞蹈員、拿着花環的小女孩、棕櫚樹下的天使等剪紙都讓小朋友留下了深刻的印象。

　　一天，當力克知道安徒生第二天一早要走了，心裏有點依依不捨。

「媽媽，叔叔會否很快又回來？」天真的力克在臨睡前問媽媽。

「嗯，孩子，我想他會很久以後才會再來。」

力克沉默了一會，便爬起牀，從桌上拿了一個錫兵玩具遞給媽媽。

「媽媽，請你把它送給叔叔，他路上有錫兵作伴，就不會寂寞了，也許他看見就會想起我。」

安徒生在告別摩生一家時收到這份禮物，聽了轉達的這些話，感動得差點掉下淚來。《老房子》裏的錫兵就是這樣創作出來的。

安徒生很愛孩子，一直盡量滿足他們的請求或需要。

還有一次，他收到遠自**非洲**的小讀者所寄來的信，他立刻親筆回信，解答了這位名叫瑪利的小讀者的問題。

後來，這個小讀者一家從非洲移居英國，便立刻寫信告訴安徒生。

親愛的安徒生：

我非常喜歡讀你的作品，也想來

知識門

非洲：

全稱阿非利加洲。在東半球最西部，亞歐大陸西南面。北隔地中海和直布羅陀海峽，與歐洲相望，東北以紅海和蘇伊士運河與亞洲相鄰，西瀕大西洋，東臨印度洋。面積約三千萬平方公里，為世界第二大洲。

97

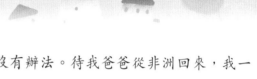

看看你，只是我沒有辦法。待我爸爸從非洲回來，我一定要他帶我去看你。我喜歡的童話有《幸運的鞋套》、《雪後》等。請你給我回信。

你親愛的小讀者瑪利

安徒生依從瑪利的請求，馬上給她回信。

親愛的瑪利：

很高興收到你的來信。你什麼時候能來，我都那麼歡迎。我在等待着你。

你的朋友安徒生

一天安徒生又收到瑪利的信：瑪利聽說她爸爸在非洲出意外的消息，心裏很難過，情緒很低落。於是安徒生立刻寫了一封安慰小瑪利的信，親切的詞語、慰問使小瑪利度過了一段艱難的日子。

自此，這位小讀者一直到長大，跟安徒生仍然保持書信來往，直到安徒生逝世前幾年才停止。

一八七五年八月四日，安徒生，這位把一生貢獻在童話創作中的作家，在一間靠海的小屋裏靜靜地躺着，聽着如音樂般起伏的浪濤聲，慢慢地走入了時光隧

道——他看見了兩頰瘦削的父親在無力地釘鞋，站在河邊洗衣服的母親抬頭歇息，他走向他們，慢慢合上了眼睛，再也沒有醒來。

想一想

1. 安徒生對待讀者的態度，你覺得如何？

2. 安徒生一生寫下很多部童話，你最喜歡哪一部？

生平大事年表

公元	年齡	事件
1805年	/	四月二日出生於丹麥奧登塞市。
1812年	7歲	接受短期教育，父親代人從軍。
1816年	11歲	父親去世。接觸莎士比亞作品。
1818年	13歲	被送到紡織廠和煙草廠工作，後來在慈善學校接受短暫教育。母親再婚。
1819年	14歲	接受堅信禮，九月離家前往首都哥本哈根。
1822年	17歲	寫了數個劇作，其中《阿芙索爾》備受讚賞，獲皇家公費，進入貴族式教會中學就讀。
1826年	21歲	隨梅斯林校長轉校到赫爾辛基。寫成《垂死的孩子》一詩。
1828年	23歲	進入哥本哈根大學就讀。
1829年	24歲	長篇幻想遊記《阿馬格島遊記》出版。輕鬆喜劇《尼古拉耶夫塔上的愛情》搬上舞台，得到空前成功。

公元	年齡	事件
1831年	26歲	第一次出國旅行。
1833年	28歲	第二次出國，到德國、法國、瑞士、意大利旅行，期間母親去世，開始構思成名作品《即興詩人》。
1835年	30歲	發表小說《即興詩人》，獲得好評。同年寫成多篇童話：《拇指姑娘》、《豌豆上的公主》、《小意達的花兒》等等。
1837年	32歲	發表《海的女兒》、《皇帝的新裝》等作品。
1845年	40歲	開始創作「新的童話」，代表作有《醜小鴨》等。
1846年	41歲	發表《賣火柴的女孩》等作品。
1857年	52歲	發表童話集《新的故事》。
1867年	62歲	獲奧登塞市頒發「榮譽市民狀」。
1875年	70歲	逝世於哥本哈根郊外的別墅內。

童話

　　安徒生以創作童話故事而舉世聞名，《醜小鴨》、《賣火柴的小女孩》、《國王的新衣》等都是家傳戶曉的童話故事。童話充滿魅力，為兒童帶來了無窮的歡樂，你對童話又了解多少呢？

童話的出現

　　童話是兒童文學的一種體裁，通過豐富的想像、幻想和誇張來編寫適合於兒童欣賞的故事。童話最初是口述的民間故事，以口耳相傳的方式而流傳。最早以文字形式流傳的童話故事，大約在公元前1,300年出現於古埃及，其後童話故事開始以文學作品的方式來呈現。

童話與兒童

　　最初，童話都是由父母講給孩子聽的，而安徒生考慮到童話的成人對象，因此在作品中滲入了更多寫實的成分，讓父母也一起思考。後來，童話故事漸漸轉變為兒童文學的一部分。

著名的童話故事

　　除了安徒生的作品外，世界上還有很多著名的童話

著作，如夏爾‧佩羅的《鵝媽媽的故事》、格林兄弟的《兒童與家庭童話集》、路易斯‧卡羅的《愛麗絲夢遊仙境》、卡洛‧科洛迪的《木偶奇遇記》等。這些童話故事，都是給予兒童的珍貴禮物，陪伴着他們成長，為他們帶來了很多歡樂。

創意寫作

安徒生一生創作了不少膾炙人口的童話故事，作品被翻譯為多種語言，在世界各地流傳。試選擇一個安徒生的童話故事，並將故事改寫。